Mafalda 3

Lumen

Quino

LAS TIRAS QUE COMPONEN, ESTE LIBRO APARECIERON PUBLICADAS EN LOS DIARIOS: "EL MUNDO" de Buenos Aires "CORDOBA" de Córdoba "NOTICIAS" de Tucumán "EL LITORAL" de Santa Fe "BP COLOR" de Montevideo...
¡Y ADEMÁS QUEDA HECHO EL DEPÓSITO QUE MARCA LA LEY Y TODO, PARA QUE SEPAN!
......ETC., ETC.....
EN REALIDAD YO AHORA DEBERÍA PARARME Y DECIR: © J. S. LAVADO, QUINO Y QUE ÉSTE ES UN LIBRO DE "PENGUIN RANDOM HOUSE GRUPO EDITORIAL, S.A. DE C.V." BLVD. MIGUEL DE CERVANTES SAAVEDRA 301, PISO 1, COL. GRANADA, 11520, MÉXICO, D.F. www.megustaleer.com.mx IMPRESO EN MÉXICO. PRINTED IN MEXICO Y TODO ESO, PERO ¿QUIÉN TIENE GANAS?

© Joaquín Salvador Lavado, Quino ISBN: 978-607-31-2137-8 Vol. 3. 1era. edición, 3a. reimpresión.

a "Los Beatles"

QUINO

• *"La vida no es una pastafrola"*

Alba Lampon
socióloga argentina contemporánea

¿HICISTE LA PÁGINA DE PALOTES QUE PIDIÓ LA MAESTRA PARA MAÑANA, SUSANITA?
¡NO! ¡LA MAESTRA ESTÁ LOCA!
¡O SORDA!..... ¡PARECE QUE ELLA NO OYE DECIR A TODO EL MUNDO QUE EN ESTE PAÍS NADIE QUIERE TRABAJAR!
¡UN RENGLÓN, VAYA Y PASE!...¿PERO A QUIEN SE LE OCURRE PEDIR UNA PÁGINA ENTERA DE PALOTES EN UN PAÍS DONDE LA GENTE NO QUIERE TRABAJAR?
¡CON MAESTROS ASÍ JAMÁS VA A ADELANTAR ESTE PAÍS!
321
©QUINO

1171
322
©QUINO

MAÑANA CUMPLO YA SEIS AÑOS ¡CÓMO PASA EL TIEMPO!
©QUINO
323
RETROCEDO UN POCO EN MÍ PASADO Y AHÍ ESTÁN MIS CINCO AÑOS; Y OTRO POCO MÁS ALLÁ, MIS CUATRO AÑOS....
.....Y LUEGO MIS TRES AÑOS....Y MIS DOS AÑOS... Y MI UN AÑO.....Y MI.......
?
¿MI, QUÉ?

324
MI MAMÁ ME MIMA
mi mamá
me mima
mi
mamá
me ama
MI MAMÁ ME AMA
LA FELICITO, SEÑORITA; VEO QUE TIENE USTED UNA MAMÁ EXCELENTE
Y AHORA, POR FAVOR, ENSÉÑENOS COSAS REALMENTE IMPORTANTES
©QUINO

¿QUÉ DIFERENCIA HAY ENTRE DECIR "PAPÁ" Y DECIR "PADRE"?
NINGUNA
325
SÓLO QUE "PAPÁ" ES MÁS FAMILIAR; Y "PADRE" MÁS RESPETUOSO
©QUINO
¿¡O SEA QUE NUNCA PODRÉ DECIRTE "PADRE"!?

¡MIRÁ, SUSANITA, SI TENÉS ALGO CONMIGO DECÍMELO DIRECTAMENTE Y LISTO!
326
¡¡TE LO DIGO, SÍ SEÑOR!! ¡¡CLARO QUE TE LO DIGO!! ¿SABÉS QUÉ PASA CON VOS?
¡QUE SOS UN BESTIA!
¡JHA!... ¿SUTILEZAS A MÍ?
©QUINO

327
HE SABIDO QUE TUS RELACIONES CON MANOLITO NO ANDAN MUY BIEN, SUSANITA
¡AH! ¿YA TE FUE **ÉSE** CON EL CHISME? ¡QUÉ TIPO CHISMOSO!... ¡CLARO, NO ME EXTRAÑA!
¿CÓMO ME VA A EXTRAÑAR? SI ME CONTÓ LA DE LA LECHERÍA QUE EL PAPÁ DE MANOLITO ANDUVO EN UN ASUNTO MEDIO FEO, POR UNOS PESOS, EN EL CENTRO DE ALMACENEROS Y A RAÍZ DE ESO TUVO UN LÍO CON LA MAMÁ DE MANOLITO. ¡Y YA SABEMOS LO QUE ES ESA SEÑORA!
...QUE AL HERMANO DE MANOLITO, QUE SEGÚN SUPE, EN MAYO CUMPLE 23 AÑOS, LO CONTROLA EN TODOS LOS GASTOS; ¡Y EL MUY GRANDULÓN, LA NOVIA QUE SE BUSCÓ!.. ESA MOROCHITA, QUE EL PADRE VENDE TERRENOS Y VIVIÓ DOS AÑOS EN BRASIL Y QUE ES PARIENTE DE UN TÍO DE MANOLITO QUE EN 1925....
¿CON QUIÉN ESTUVISTE, MAFALDA?
CON EL F.B.I.
©QUINO

328
¡ZÁS! ¡AHÍ VIENE SUSANITA! DESDE QUE ANDA PELEADA CON MANOLITO, ESTAR CON ELLOS ES COMO ESTAR EN LA U.N.
HOLA, MAFALDA ¿HAS OÍDO HABLAR DEL CORCHOANÁLISIS? ES COMO EL PSICOANÁLISIS, PERO SÓLO PARA **AQUELLOS** QUE TIENEN CEREBRO DE CORCHO. ¿SABÉS? YO CONOZCO A **UNO** QUE DEBERÍA IR AL CORCHOANALISTA
¡VAYA!.. YO CREÍA QUE HOY HABÍA HUELGA DE IDIOTAS, PERO PARECE QUE SALIERON A TRABAJAR
AUNQUE DUDO QUE U-THANT DEBA AGUANTAR LO QUE YO TENGO QUE AGUANTAR
©QUINO

329
¡ES ABSURDO QUE ESTÉS ENOJADO CON SUSANITA! ELLA TENDRÁ SUS COSAS, PERO ES BUENA AMIGA. Y UNO NO PUEDE ENOJARSE CON BUENOS AMIGOS. Y ADEMÁS....
...Y ADEMÁS, ¡CLARO! SI TUVIÉRAMOS A UN JUGADOR COMO PELÉ, NO ANDARÍA ASÍ NUESTRO FÚTBOL. PORQUE CON UN PELÉ NOS COMERÍAMOS CRUDOS AL INTER Y AL REAL MADRID Y AL.....
©QUINO

330
¿ADÓNDE VAS, MANOLITO?
A LLEVAR ESTE PEDIDO A CASA DE SUSANITA
¡CÓMO!...¿NO ESTABAS ENOJADO CON ELLA?
¿Y QUÉ? LOS NORTEAMERICANOS Y LOS RUSOS TAMBIÉN ESTÁN ENOJADOS Y SIN EMBARGO COMERCIAN ENTRE ELLOS ¿NO?
©QUINO
BUENO, PUES EN ESTE CASO OCURRE LO MISMO
CON LA SOLA DIFERENCIA DE QUE LA HUMANIDAD NO ESTÁ HARTA NI DE SUSANITA, NI DE VOS

331
mi mamá
me mima.
Amo a mi
mamá
SNIF
SNIF
¡UNA DE DOS, MAMÁ:...
..¡O VOS DEJÁS DE HACER SOPA, O YO DEJO DE ESCRIBIR HIPOCRESÍAS!
©QUINO

332
Mi mamá amasa
¿Amasa sola?
Sí, amasa sola y sala la masa
La masa se amasa en la mesa
©QUINO
La masa es sana
Sí, esa masa es sana
LO BUENO DE IR A LA ESCUELA ES QUE UNO YA PUEDE CONVERSAR EN UN NIVEL LITERARIO

FEDERACIÓN OBRERA DE LA CONSTRUCCIÓN. BUENAS TARRRDESSS
333
BUENAS TARDES, SEÑOR POR FAVOR ¿ME PODRÍA INFORMAR SI EL GREMIO ESTÁ EN HUELGA?
NO, POR EL MOMENTO NO ESTÁ EN HUELGA
¡CRETINOS!
¡ENTONCES TENDRÉ QUE RESOLVER ESE MALDITO ASUNTO PARA MAÑANA MISMO!
¡CLACK!
©QUINO
"SI UN ALBAÑIL COLOCA 100 LADRILLOS EN 1 HORA, ¿CUÁNTOS LADRILLOS COLOCARÁ EN 2½ HORAS?"
@#*

¡ANDA, CONDENADO! ¡HAZ LOS DEBERES!
BONK!
334
¡YA VAS A VER, PAPÁ! ¡CUANDO YO TENGA UNA CADENA DE SÚPERMERCADOS Y SEA MILLONARIO, MI BIOGRAFÍA SALDRÁ PUBLICADA EN "SELECCIONES"!.....
....¡Y TODO EL MUNDO SABRÁ CÓMO ME MALTRATABAS, PORQUE ENTRE LAS AMARGAS ANÉCDOTAS DE MI NIÑEZ FIGURARÁ ÉSTA!
BONK!
©QUINO
¡DALE!,..... ¡SEGUÍ A LOS ANECDOTAZOS, NOMÁS!....

Ema se asoma. Ve la mesa de la sala.
MAMÁ, ¿LA SALA QUÉ PIEZA VIENE A SER?
EL "LIVING"
AH
¡¿POR QUÉ DEMONIOS NO ESCRIBIRÁN ESTOS LIBROS EN CASTELLANO?!
335
©QUINO

¡ES INÚTIL! TODAVÍA NO SÉ LEER EL DIARIO
LO ÚNICO QUE ME HAN ENSEÑADO HASTA AHORA EN LA ESCUELA ES QUE A FULANITO LO MIMA SU MAMÁ, O QUE MENGANITA ASEA SU MOÑO
¡Y YO QUIERO SABER QUÉ PASA CON JOHNSON, O CON FIDEL CASTRO!
PERO PARECE QUE NI A JOHNSON LO MIMA SU MAMÁ, NI FIDEL CASTRO ASEA SU MOÑO
336
©QUINO

¡HAGO UN LLAMADO EN FAVOR DEL DESARME MUNDIAL!
ESE LLAMADO LO VIENEN HACIENDO A CADA RATO GRANDES PERSONALIDADES ¿Y QUIEN LES LLEVA EL APUNTE?
NADIE
PERO TOTAL, ES GRATIS,.......Y ESAS PERSONALIDADES Y YO QUEDAMOS COMO REYES
337
©QUINO

..Y ESTAS HAN SIDO LAS NOTICIAS DEL PANORAMA MUNDIAL.
¡AAAAAAY!
?
AH,... CREÍ QUE ERA EL MUNDO EL QUE SE HABÍA QUEJADO
338
©QUINO

pa pe pi po pu
A VER, MANOLITO, UNA PALABRA QUE EMPIECE CON "P"
339
©QUINO
¡ZÁS!... ÉSTE ES CAPAZ DE DECIR *ESA* MALA PALABRA
"POLÍTICA"
¡Y LA DIJO, NOMÁS!

¡LA TRACCIÓN TRASERA ES MEJOR QUE LA TRACCIÓN DELANTERA!
¡PERO NO TENÉS MARCHA ATRÁS!
340
¡Y ADEMÁS EL MÍO GASTA MENOS COMBUSTIBLE; YO CON UNA TAZA DE CAFÉ CON LECHE TENGO PARA ANDAR TODA LA MAÑANA ENTERA!
¡EN CAMBIO VOS, CON ESA CATRAMINA, A MEDIA MAÑANA: ¡ZÁS, UN SANDWICH!
¿NO?
¡BUENO, BASTA! ¡ESTAS COSAS DE MECÁNICA NO ME GUSTA DISCUTIRLAS CON MUJERES!
©QUINO

341
HOLA
¡NO!
¿CÓMO TE LLAMÁS?
¡NO!
TENGO UNA GALLETITA ¿LA QUERÉS?
CRUNCH
¡GULP!
¡NO!
¡AL PRIMERO QUE ME VENGA A HABLAR DE COMUNICACIÓN HUMANA LE ROMPO EL ALMA!
©QUINO

342
¡LISTO!..
YIP! YIP! YIP!
HE BORRADO DEL MAPA A PEKÍN, AL PENTÁGONO Y AL KREMLIN ¡POR FIN PODREMOS VIVIR TRANQUILOS!
©QUINO
YIP! YIP!
ME OLVIDABA DE JAMES BOND

343
Señorita Mafalda (punto) De mi mayor estima (dos puntos) En vista y considerando.......
...que la sopa es (coma) tal cual sabemos (coma) una porquería (coma) vería con sumo agrado que no la tomáramos (punto) Sin otro particular...
¡MAFALDA, TOMÁ ESA SOPA DE UNA BUENA VEZ!
¡YA TUVISTE QUE INTE-RRUMPIR EL DICTADO DE MI CONCIENCIA!...
©QUINO

344
ME HE ENTERADO DE QUE MÁS DE LA MITAD DE LA POBLACIÓN MUN-DIAL SOMOS NIÑOS
¿Y ESO DE QUÉ NOS SIRVE?
AHORA, DE NADA; PERO DENTRO DE TREINTA AÑOS VAMOS A SER **NOSOTROS** LOS QUE HAREMOS COSAS Y OCUPAREMOS CARGOS Y EL MUNDO VA A ESTAR EN MANOS DE **NOSOTROS** LOS NIÑOS
¡PERO HOMBRE! ¡DENTRO DE TREINTA AÑOS YA NO VAMOS A SER NIÑOS!
¡VOS SIEMPRE TRATANDO DE AMARGARLE LA VIDA A UNO!
©QUINO

¡QUÉ FANTÁSTICO! AQUÍ DICE QUE DENTRO DE DIEZ AÑOS, LOS RUSOS Y LOS NORTEAMERICANOS YA VAN A ESTAR INSTALADOS EN LA LUNA
345
¡QUÉ SUERTE PARA LOS SELENITAS!
LOS SELENITAS NO EXISTEN
JUSTAMENTE......... ¡QUÉ SUERTE PARA LOS SELENITAS!
©QUINO

¿QUÉ HACÉS, MAFALDA?
VOY A ENVIAR UN NUEVO MENSAJE PRO DESARME MUNDIAL
346
¿OTRO? ¿PARA QUÉ, SI NADIE SE DA POR ENTERADO?
EXIJO INME-DIATA PROSCRIP-CIÓN ARMAS NUCLEARES
¡COLACIÓNESE!
©QUINO
ESTA VEZ TIENEN QUE ENTERARSE

¡ESTO NO ES VIDA! ¡SIEMPRE METIDO AQUÍ EN LA CIUDAD!
347
¡CÓMO QUISIERA ESTAR EN EL CAMPO, TODO RODEADO DE VERDE!....
?
....Y DE VAQUITAS MUGIENDO DULCEMENTE.....
"MUUUUU,...QUEREMOS LA REFORMA AGRAAAARIAA"
©QUINO
NO HAY CASO; ESTE MUNDO MATERIALISTA DE HOY NO ES PARA VOS, FELIPE
NERVOCALM

HOLA, SUSANITA. ¿HICISTE LOS DEBERES QUE NOS PIDIÓ LA MAESTRA PARA MAÑANA?
348
NO, PORQUE DESGRACIADAMENTE EN ESTE PAÍS LA GENTE NO QUIERE TRABAJAR, MAFALDA
LA GENTE NO QUIERE HACER NADA; LA GENTE ES ASÍ. ¿TE DAS CUENTA CUÁL ES MI DRAMA?
NO. ¿CUÁL ES?
QUE YO SOY MUY GENTE
©QUINO

FRANCAMENTE, YO CREO QUE SI LOS NORTEAMERICANOS Y LOS RUSOS DICEN QUE QUIEREN EL DESARME, ES PORQUE REALMENTE LO QUIEREN
349
¡SEGURO, FELIPE!... SI TE DICEN QUE LAS VACAS VUELAN, TAMBIÉN LO CREÉS, ¿NO?
¡ANDÁ!... ¡VOS SIEMPRE LA MISMA!
©QUINO

Papá fuma su pipa
¿ESO HAY QUE ESCRIBIR?
350
¿Y PARA QUÉ DIABLOS TENEMOS QUE APRENDER A ESCRIBIR ESO, DIGO YO? ¿EHÉ?
¿DE QUÉ NOS SIRVE SABER ESCRIBIR QUE ALGUIEN FUMA EN PIPA, SI EN ESTE PAÍS CASI NADIE FUMA EN PIPA?
¡ASÍ ES COMO LOS QUE ESTUDIAMOS TENEMOS QUE IRNOS LUEGO AL EXTRANJERO A APLICAR ALLÍ NUESTROS CONOCIMIENTOS!...
©QUINO

351
¿QUÉ DICE AQUÍ, MANOLITO?
no sé
"NO SÉ"
¿NO? BUENO, NO ME EXTRAÑA; SIEMPRE PENSÉ QUE ERAS UN POQUITO BESTIA
© QUINO

352
LOS ESTIMADOS OYENTES DESEAN CONOCER SU OPINIÓN SOBRE LA SITUACIÓN NACIONAL
© QUINO

¡HOLA!
¡SHHH!... EN VOZ BAJA, QUE TENGO UN ENFERMO EN CASA
353
¿ESTÁ ENFERMO TU PAPÁ?
NO
¿TU MAMÁ, ENTONCES?
TAMPOCO
©QUINO

VAMOS A ESCUCHAR EL NOTICIOSO, A VER CÓMO SIGUE EL ENFERMO
354
EL ENFERMO SIGUE MAL
SANA, SANA, COLITA DE RANA, SI NO SANA HOY SANARÁ MAÑANA
©QUINO

SÍ, REALMENTE, A ESTE MUNDO SE LO VE ALGO DEMACRADO, ¿CREÉS QUE DE VERDAD ESTÁ ENFERMO?
¡UF!...
¿QUÉ SÍNTOMAS TIENE?
LE DUELE EL ASIA
©QUINO
355

¿QUÉ LE OCURRE AL MUNDO, MAFALDA?
ESTÁ ENFERMO
¿ENFERMO?... ¿Y TIENE FIEBRE?
¡TIENE UN COMUNISMO, QUE VUELA!
©QUINO
356

357
ADIÓS, MAFALDA, QUE SE MEJORE EL MUNDO
GRACIAS
¡EL MUNDO ENFERMO! ¡ESTA MAFALDA TIENE CADA OCURRENCIAS!..
JA-JA JA
¿...
¿CÓMO?
¿EL MUNDO ESTÁ QUÉ?
©QUINO

358
¡BESTIA!
¡MALA ENTRAÑA!
¡OTRA VEZ!
¡PELEAR!...¡LO ÚNICO QUE SABEN ES PELEAR! ¿PARA USTEDES NO HAY NADA MÁS POSITIVO QUE PELEAR?
SEGURO QUE NO, ¿QUÉ TENDRÍA DE POSITIVO JAMES BOND SI NO SE LA PASARA PELEANDO?
¿Y CASSIUS CLAY? ¿QUÉ MÉRITO TENDRÍA CASSIUS CLAY SI NO PELEARA? ¿EHÉH?
¡MARMOTA!
¡PEDAZO DE CRETINA!
¡ASÍ AVANZA LA HUMANIDAD!
©QUINO

NO ENTIENDO QUÉ GUSTO LE SACÁS A PELEARTE CADA DOS POR TRES CON MANOLITO
SI GIUSEPPE GARIBALDI NO HUBIERA PELEADO NUNCA, ¿QUIÉN LO CONOCERÍA? ¡NADIE! ¡ABSOLUTAMENTE NADIE!
¡PRIMERA NOTICIA QUE TENGO DE QUE LOS PRÓCERES PELEABAN PARA PROMOCIONARSE!
359
©QUINO

¡UNA TUERCA!
¡OXIDADA! ¿PARA QUÉ DEMONIOS SIRVE?
TODO SIRVE PARA ALGO
PERO NADA SIRVE PARA TODO
360
©QUINO

....YA LO DIJO ORTEGA Y GASSET, AMIGOS; EL NUESTRO ES UN PUEBLO TRISTE...
361
¡PUES SI CON ESO QUISO DÁRSELAS DE ALEGRE, PODRÍA HABER DICHO ALGO MÁS DIVERTIDO!
©QUINO

¿HAS PENSADO EN LO QUE OCURRIRÍA SI NO EXISTIERA LA DISTANCIA, FELIPE?
362
¿SI NO EXISTIERA LA DISTANCIA? NO. ¿QUÉ OCURRIRÍA?
QUE TODO ESTARÍA AQUÍ ¿TE DAS CUENTA LO QUE SERÍA QUE TODO ESTUVIERA AQUÍ?
EL KREMLIN
EL LLANERO SOLITARIO
LOS BEATLES
AFRICA
CUBA
TODO AQUÍ
EL MURO DE BERLÍN
DISNEYLANDIA
VIETNAM
Jerry Lewis
PELÉ
EL KU-KLUX-KLAN
¿TE DAS REALMENTE CUENTA, FELIP.....
SÍ, SE DA REALMENTE CUENTA
©QUINO

363
NO PUEDO TOMAR LA SOPA, PORQUE SOY UNA VIEJITA DE PULSO TEMBLEQUE Y SE ME CAE TODA, ¿VES?
ESTÁ BIEN; VENGA LA CUCHARA. YO TE DOY LA SOPA
¿Y? ¿QUÉ PASA?
PASA QUE SOY VIEJITA, PERO NO ESTÚPIDA
©QUINO

364
¿TE HAS PREGUNTADO ALGUNA VEZ PARA QUÉ ESTAMOS EN ESTE MUNDO, FELIPE?
NO; NO ME LO HE PREGUNTADO NUNCA, PERO ME LO PREGUNTO AHORA MISMO: "¿PARA QUÉ ESTAMOS EN ESTE MUNDO?"
Y ME CONTESTO TAMBIÉN AHORA MISMO: ¡QUÉ SÉ YO PARA QUÉ DIABLOS ESTAMOS EN ESTE MUNDO!
ESTE TIPO DE PROBLEMAS, CUANTO ANTES SE LOS SAQUE UNO DE ENCIMA, MEJOR
©QUINO

MILLONES Y MILLONES DE PERSONAS VIVIMOS EN EL MUNDO; Y AL FIN DE CUENTAS, ¿PARA QUÉ?
365
¿PARA QUÉ ESTAMOS TODOS EN ESTE MUNDO, DIGO YO?
AHORA VOY ALGO APURADO, PERO SI QUERÉS PUEDO AVERIGUARTELO PARA MAÑANA
©QUINO

MAMÁ, ¿PARA QUÉ ESTAMOS TODOS EN ESTE MUNDO?
366
PARA TRABAJAR, PARA AMARNOS, PARA HACER DE ÉSTE UN MUNDO MEJOR
¡PICARONA! ¡SOS BUENA HUMORISTA Y NUNCA ME LO HABÍAS DICHO!..
©QUINO

¿PARA QUÉ CREÉS VOS QUE ESTAMOS EN ESTE MUNDO, SUSANITA?
BUENO,...FRANCAMENTE, NO SÉ........
367
SÓLO RECUERDO QUE LA CIGÜEÑA QUE ME TRAJO A ESTE MUNDO DESPEGÓ DE ORLY A LAS 17,22, HORA DE PARÍS, POR SUPUESTO. LUEGO....
...HICIMOS UN ESCALA EN DAKAR, OTRA EN RÍO, DONDE LE CAMBIARON UNA PLUMA QUE NO VENÍA BIEN, Y FINALMENTE ME DEJÓ AQUÍ
PERO NO SE ME OCURRIÓ PREGUNTARLE PARA QUÉ ME TRAJO
©QUINO

¿Y? ¿QUÉ ME DICEN DE LO DE AYER? ¿VIERON? ¿EHÉÉÉ? ¿VIERON?
¿QUÉ PASÓ AYER?
368
¿QUÉ PASÓ? ¡LO DE SIEMPRE: QUE EN ESTE PAÍS LO ÚNICO QUE SABE HACER LA GENTE ES **NO** TRABAJAR! ¿QUIÉN TRABAJÓ AYER?
¡NADIE!
¡PARA QUE SEPAS, AYER FUE EL DÍA **MUNDIAL** DEL TRABAJO Y NO TRABAJÓ NADIE NI AQUÍ NI EN NINGÚN OTRO PAÍS! ¡Y CONSTE QUE ESE DÍA NO LO INVENTAMOS AQUÍ!
¿NO?
¡NO!
¡COMO DE COSTUMBRE! ¡EN ESTE PAÍS LO ÚNICO QUE SABE HACER LA GENTE ES COPIAR COSAS DEL EXTRANJERO!
©QUINO

"NUEVAMENTE SE HALLA REUNIDA EN GINEBRA LA COMISIÓN QUE TRATA DE LOGRAR UN ACUERDO SOBRE DESARME NUCLEAR"
369
¿GINEBRA ES LA CAPITAL DE SUIZA?
NO. ES LA CAPITAL DEL FRACASO
©QUINO

¿CONOCEN EL CUENTO DE LA HORMIGUITA Y EL ELEFANTE? ¡ES GRACIOSÍSIMO! ¡JÁ-JA!.
CONTALO
¡DALE!
370
RESULTA QUE VA UN ELEFAN...¡JÁ-JÁ!.. ..FANTE POR..¡JÁ-JÁ-JÁ!...POR LA SELVA Y SE...¡JÁ-JÁ-JÁ-JÁ!. ..SE ENCUENTRA CON UNA...¡JÁ-JÁJÁ-JÁJÁ-JÁ!..CON UNA **JÁJÁJÁ**!..
PENSÁ EN TODOS LOS DÍAS QUE FALTAN PARA QUE SE ACABEN LAS CLASES, Y EN LOS EXÁMENES DE FIN DE AÑO, Y EN TODO ESO
BIEN, ¿CÓMO ERA ESE CUENTO?
RESULTA QUE VA UN ELEFANTE POR LA SELVA Y SE ENCUENTRA CON UNA HORMIGUITA Y ENTONCES LA MIRA Y LE DICE CON SU VOZ DE ELEFANTE "¡QUÉ CHIQUITA SOS", ENTONCES...
©QUINO

¡BANG!
¡LA PUCHA!
371
¡¡"LA PUCHA" NO! ¡TENÉS QUE DECIR "¡AAUUGH!", COMO EN LAS HISTORIETAS DE COW-BOYS!!
¿DÓNDE HAS VISTO QUE UN COW-BOY DIGA "¡LA PUCHA!" CUANDO LE PEGAN UN TIRO?!
¿POR QUÉ NO TE VAS UN POCO AL CUERNO CON TUS MUERTES EXTRANJERIZANTES, FELIPE?
©QUINO

372
©QUINO

373
TENGO QUE IRME A HACER LOS DEBERES
YO, A LLEVAR UN PEDIDO DEL ALMACÉN
Y YO, A VER MI PROGRAMA DE T.V.
ESTÁ VISTO QUE SÓLO TENEMOS TIEMPO DE JUGAR A LA GUERRA NUCLEAR, ¿NO?
SÍ
¡BOOOM!
ESTA VIDA MODERNA EXIJE JUEGOS CADA VEZ MÁS BREVES
©QUINO

374
¡ÉSA ES LA PREGUNTA MÁS ESTÚPIDA QUE HE OÍDO EN TODA MI VIDA, SUSANITA!
¡AH! ¿Y CUÁNDO A VOS SE TE DA POR PREGUNTAR POR QUÉ EL MUNDO TAL COSA Y POR QUÉ LA GUERRA TAL OTRA?
¿EHÉ?
¿ACASO SÓLO VOS PODÉS PREGUNTAR? ¿ACASO SOS LA VEDETTE? ¿EHÉ? ¿ACASO NO PUEDO YO TENER MI PREGUNTA? ¿EHÉÉÉ?
¿CUÁL ES TU PREGUNTA, SUSANITA?
©QUINO
¿POR QUÉ EN ESTE PAÍS LOS OBREROS SON MOROCHOS POBRES Y NO RUBIOS, LINDOS Y CON AUTO, COMO EN NORTEAMÉRICA?

375
¡ESTA MAFALDA!..... ¡DICE QUE MI PREGUNTA ES ESTÚPIDA!
¿CUÁL ES TU PREGUNTA?
¿POR QUÉ EN ESTE PAÍS LOS OBREROS SON MOROCHOS POBRES Y NO RUBIOS, LINDOS Y CON AUTO, COMO EN NORTEAMÉRICA?
¿A VOS TE PARECE UNA PREGUNTA ESTÚPIDA?
NO. SI UNO LA PIENSA BIEN, NO ES UNA PREGUNTA ESTÚPIDA
REALMENTE, SI UNO LA PIENSA MUY BIEN, ES UNA PREGUNTA PELIGROSA!
© QUINO

376
"¡Mal!"... ¡OTRA VEZ LA MAESTRA ME PUSO: "Mal"!
© QUINO
¿PARA ESO VIENE UNO TODOS LOS DÍAS A LA ESCUELA?
¡PORQUE SI UNO VINIERA DE VEZ EN CUANDO, VAYA Y PASE!..
¡PERO HACERLE ESTO A UN CLIENTE!..

377
¡DIOS MÍO! ¿ÉSTOS SON DAMNIFICADOS DE UNA INUNDACIÓN, O ALGO ASÍ?
¡PERO NO, MAFALDA! ¡ÉSTOS SON AVISOS DE CINE!..
BUENO, NO IMPORTA; IGUAL HABRÍA QUE ENVIARLE ROPA A ESA POBRE GENTE
©QUINO

378
"...QUE LAS RONDAS NO SON BUENAS,..."
"...QUE HACEN DAÑO, QUE DAN PENA..."
"...QUE SE ACABA POR LLOOORAAAR."
LAS RONDAS SE PARECEN ASOMBROSAMENTE AL CINTURÓN DE MI PAPÁ
©QUINO

CHA-CHÁÁNN
CHA-CHÁÁÁÁNN..
AQUÍ VIENE NADA MENOS QUE......
379
¡EL LLANERO SOLTERÓN!
¡SOLITARIO!
VIENE A SER LO MISMO, FELIPE; EN EL FONDO, TODO SOLTERÓN ES UN SOLITARIO
HAY GENTE CAPAZ DE ESTROPEARLE LA FANTASÍA AL MÁS PINTADO
©QUINO

¿NO CREÉS QUE CADA DÍA ESTÁN MÁS TORCIDOS?
SÍ, EN REALIDAD NO TIENEN NADA DE DERECHOS
380
NO TE GASTÉS, MANOLITO; ESTAMOS HABLANDO DE LOS DERECHOS HUMANOS
©QUINO

PAPÁ, ¿EN ESTE MUNDO SOMOS TODOS IGUALES?
SÍ, MAFALDA, SOMOS TODOS IGUALES. ¿PERO POR QUÉ NO TE DORMÍS, EN VEZ DE ANDAR PREOCUPÁNDOTE POR ESAS COSAS?
SÍ NO ME PREOCUPO; SÓLO PREGUNTABA, NOMÁS
BUENO, HASTA MAÑANA
¡PST!..... ¿IGUALES A QUIÉN?
© QUINO

¿VOS CREÉS EN LA IGUALDAD HUMANA, MANOLITO?
¡POR SUPUESTO QUE **NO**!
382
¡ESO DE QUE LOS HOMBRES SON TODOS IGUALES ES UNA ESTUPIDEZ!
¡NO HAY DOS PERSONAS IGUALES, NI NADIE ES IGUAL A NADIE!.. ¿QUIÉN TE HABLÓ DE ESA TONTERÍA DE LA IGUALDAD?
MI PAPÁ
¡CUANDO NO!... ¡ESTOS PADRES SON TODOS IGUALES!
© QUINO

¿TE GUSTA MI NUEVO PAÑUELO "JAMES BOND"?
383
¿QUERÉS? SON PASTILLAS MENTOLADAS "JAMES BOND"
¡IRRESISTIBLEMENTE VARONIL!...LOCION COLONIA "JAMES BOND"!
©QUINO
¡SOCORRO!

Y EL QUE NO HAYA ENTENDIDO, QUE LEVANTE LA MANO
hoy
384
VEAMOS, MANOLITO, ¿QUÉ ES LO QUE NO HAS ENTENDIDO?
DESDE MARZO HASTA AHORA, ¡NADA!
©QUINO

¿POR QUÉ DEMONIOS LOS ADULTOS SE LA PASAN HACIENDO Y DICIENDO COSAS QUE UNO NO ENTIENDE?
ES MUY SENCILLO, SUSANITA
385
CUANDO LLEGÁS AL CINE Y RESULTA QUE YA ESTÁN DANDO LA PELÍCULA, ¿LA ENTENDÉS?
NO
BUENO, CON LOS ADULTOS OCURRE LO MISMO ¿CÓMO VAMOS A ENTENDERLOS?
¡SI CUANDO NOSOTROS LLEGAMOS, ELLOS YA ESTABAN TODOS EMPEZADOS!
©QUINO

¿CONOCEN EL CUENTO DEL JAPONÉS QUE VA AL DENTISTA?
NO
¡CONTALO!
386
BUENO, RESULTA QUE UN JAPONÉS ~*COMPRE EN ALMACÉN "DON MANOLO"*~ VA AL DENTISTA.....
...ENTRA AL CONSULTORIO, ~*ALMACÉN "DON MANOLO" VENDE BARATÍSIMO*~ Y ENTONCES EL DENTISTA....
....
ACABA DE FRACASAR UN INGENIOSÍSIMO ARDID PUBLICITARIO
©QUINO

¡ASÍ QUE OTRA VEZ SACASTE MALA NOTA POR NO HACER BIEN LOS DEBERES!....¿CÓMO ES POSIBLE QUE SEAS TAN PICHIRUCHI, MANOLITO?
387
¿PICHIRUCHI YO? ¿QUIÉN PICHIRUCHI? ¿YO PICHIRUCHI?
¡MÁS PICHIRUCHI SERÁS VOS!¿ENTENDÉS? ¡VOS SÍ QUE SOS PICHIRUCHI! ¡VOS SÍ QUE.....
A PROPÓSITO MAFALDA,¿QUÉ QUIERE DECIR PICHIRUCHI?
©QUINO

¿CÓMO ERA ESA ESPECIE DE INSULTO QUE ME DIJISTE AYER, MAFALDA?
"PICHIRUCHI" ¿POR QUÉ?
¡AH!
388
PORQUE ES IDEAL PARA IR Y DECÍRSELO A SUSANITA ¡YA VERÁ ÉSA!
HOLA, SUSANITA ¿QUERÉS QUE TE DIGA LO QUE SOS? ¿EHÉE?¿QUERÉS?
¡DECÍLO!.. ¡A VER!... ¡DECÍLO!
¡SOS UNA MACHU PICCHU!
©QUINO

389
¿PERO QUÉ DIABLOS SIGNIFICA ESA PALABRA "PICHIRUCHI"?
NO SÉ EXPLICÁRTELO. PICHIRUCHI PUEDE USARSE PARA DEFINIR MUCHAS COSAS
NO ENTIENDO CÓMO PODÉS USAR UNA PALABRA SIN SABER EXPLICAR QUÉ QUIERE DECIR. LO SIENTO EN EL ALMA PERO NO ENTIENDO
¿LO SENTÍS DÓNDE?
EN EL ALMA
¿Y QUÉ ES EL ALMA, FELIPE? EXPLICAME
Y... PUEEES... BUENO, ¿EL ALMA?... ES ESA COSA QUE ES UNO... PERO NO ES UNO, SINO QUE... ¡CLARO!... ES... ¿NO? ES... MÁS BIEN.. ¡EN FIN!.... ES... .. ES... ES...
¡ESTUVISTE CLARÍSIMO, FELIPE! ¡CLARÍSIMO!
HE QUEDADO COMO UN VULGAR PICHIRUCHI
©QUINO

390
¿ADÓNDE VAS, MAFALDA? ¡EL DESAYUNO!
DESPUÉS
¡CHUIIC!
©QUINO
¡¡FELIZ CUMPLEAÑOS, CHE, TIERRA PATRIA!!

¡ME CONTARON UN CUENTO BUENÍSIMO! RESULTA QUE EL CAPITÁN PREGUNTA AL RECLUTA: "¿SABE NADAR?" –"¡SÍ, MI CAPITÁN!"– RESPONDE EL RECLUTA; ENTONCES...
391
¡AH, SÍ! ¡LO CONOZCO! LUEGO EL CAPITÁN LE PREGUNTA: "¿Y DÓNDE APRENDIÓ?" –"EN EL AGUA"– CONTESTA EL OTRO. ¿ES ÉSE, FELIPE? ¿EHÉ? ¿ES ÉSE? ¿ES ÉSE! ¿NO? ¿ES ÉSE? ¿EHÉ?
¡¡TE REQUETE-CONTRAODIO, SUSANITA!!
Y AL FINAL, NO NOS ENTERAMOS SI ERA O NO ÉSE
©QUINO

392
FIJADOR
HOY TE NOTO ALGO CAMBIADO, MANOLITO ¿QUÉ TIENE TU PELO?
©QUINO
AUTODETERMINACIÓN

©QUINO
393
¡TIC
"...AUMENTAN LAS RESERVAS DE ARMAS NUCLEARES.- CRECE EL PROBLEMA DEL HAMBRE.-VIOLENTOS CHOQUES RACIALES EN..."
FFFFST
ASÍ LA POBRE NO LAMENTARÁ MUCHO HABER DEJADO ESTE MUNDO

UNA AYUDA PARA LOS NIÑOS DESVALIDOS
OH, ¡GRACIAS!
UNA AYUDA PARA LOS NIÑOS DESVALIDOS
©QUINO

¡HOP-DÓ-TRIÉE CUATRO!.... ¡HOP-DÓ-TRIÉE CUATRO!...
395
¡AAAAL-TÓ!
¡TRAC!
DESCANSEN, ¡ARRRRR!
¡POC!
BASURA, ¡ARRRRRR!
¡CLANK!
¡TEEEERRRR-MINADO!
©QUINO
¡QUÉ GINEBRA NI GINEBRA!... ¡ASÍ HABRÍA QUE LOGRAR EL DESARME!

396
CHIF-CHIF-CHIF
©QUINO
¡TOC! ¡TOC!
?
ESTÁ BIEN: ADMITO QUE SOY UN POCO BESTIA

397
¡FFFHÚ!
¡YA TUVO QUE DEJAR SU OPINIÓN SOBRE ESTE MUNDO!
©QUINO

¡ES FANTÁSTICO!
ENCONTRARON RESTOS FÓSILES DE UN ANIMAL MUERTO HACE CIEN MIL AÑOS
¡SALUTE! ¡CIEN MIL AÑOS!
¡SNÍG!
¿A QUÉ HORA MURIÓ EL POBRECITO?
398
©QUINO

¡TENGO UN CUENTO GRACIOSÍSIMO!.... ¿QUIEREN OÍRLO?
POR SUPUESTO
399
BIEN, PERO ANTES, UNAS PALABRAS EN NOMBRE DE LA FIRMA ANUNCIADORA
ES UN PLACER PARA ALMACÉN *"DON MANOLO"* AUSPICIAR ESTE CUENTO QUE.....
....
¡NO ENTIENDO! ¿O SERÁ QUE PARA ESTO DE LA PUBLICIDAD ME FALTA "ÁNGEL"?
©QUINO

TENÉS RAZÓN, MAFALDA; NO PUEDO SER UNA MUJER COMO NUESTRAS MADRES, QUE SE CONFORMABAN CON APRENDER CORTE Y CONFECCIÓN
400
LA NUESTRA ES UNA GENERACIÓN *DIFERENTE* ¡SOMOS LA GENERACIÓN DE LA TÉCNICA, DE LA ERA ESPACIAL, DE LA ELECTRÓNICA Y TODO ESO!
POR LO TANTO, **NO** ME QUEDARÉ EN LA GRIS MEDIOCRIDAD DEL CORTE Y CONFECCIÓN **¡JAMÁS! ¡LA CIENCIA ME LLAMA!**
¡CUANDO SEA GRANDE ME COMPRARÉ UNA MÁQUINA DE TEJER! **¡ME APASIONA, ESO DE LA CIBERNÉTICA!**
©QUINO

¡NO SE DEJA ASÍ TIRADA POR AHÍ LA BUFANDA!
©QUINO

"OCULTÉMONOS ACÁ. DEBEMOS INTERCEPTAR A LA MUJER QUE TRAE EL MENSAJE"
"SÍ, ASÍ DESBARATAREMOS EL PLAN DE **"EL LLANERO SOLITARIO"**"
"¡CHIST! ¡ATENCIÓN, QUE AQUÍ VIENE LA MUJER!"
¡Y ENCIMA LO PROCLAMAN POR LA CALLE!... ¡QUÉ ASCO DE GENERACIÓN!
©QUINO

¡VIVA LA PATRIA!
¡VIVA!
¡QUE VIVA LA PATRIA!
¡VIVA LA PATRIA!
¿QUÉ TE PASA, MAFALDA? MIRÁ QUE HOY NO SE CELEBRA NINGUNA FECHA PATRIA, ¿EH?
¿Y A MÍ QUÉ CUERNOS ME IMPORTA? ¡YO A LA PATRIA LA QUIERO TODOS LOS DÍAS, Y NO CUANDO LE DA LA GANA AL ALMANAQUE!
403
©QUINO

¡HOY ESTOY CON UN HUMOR DE LOS MIL DEMONIOS!
SIN EMBARGO PARECÉS MUY CONTENTA, SUSANITA
ES QUE NO QUIERO QUE NADIE SE DÉ CUENTA QUE ESTOY DE MAL HUMOR
¡ENTONCES NO TENDRÍAS QUE DECIRLO!
ESO SERÍA SER HIPÓCRITA
ME EXTRAÑA QUE DEFENDÁS LA HIPOCRESÍA, MAFALDA
ALGÚN DÍA ME SENTARÉ A ANALIZAR QUIÉN ME ENFERMA MÁS: SI SUSANITA O LA SOPA
404
©QUINO

405
NO FUNCIONA
NO FUNCIONA
BAR
TELEFONO PUBLICO
NO FUNCIONA
CREÍ QUE IBA A COLGÁRSELO A LA HUMANIDAD
©QUINO

406
¡BANG!
¡PAPÁ!.. ¡ME SALVASTE DEL MONSTRUO!
FIN
CARAMELOS, BOMBONES, CHOCOLATINES, PASTILLAS,....
©QUINO

"AL QUE MADRUGA, DIOS LO AYUDA"
407
©QUINO
¡PAVADA DE AYUDANTE VAMOS A TENER MAÑANA!

MIRÁ, ELLA ESTÁ TEJIENDO
408
...Y AHÍ ENTRA EL ESPOSO, PERO ELLA NO LO HA VISTO
¡¡CÓMO, QUERIDA!! ¡¿ESTÁS TEJIEND...?! ¡¡¡ QUERIDA!!!...¡¡VAMOS A TENER UN BEBÉ!!!
¡ESO ES ABSURDO! ¡MI MAMÁ SE MATA TEJIENDO Y TODO LO QUE CONSIGUE SON PULLÓVERES!
©QUINO

para PAPÁ
NO
409
para PAPÁ
¡MENOS!
para PAPÁ
¡NO!
¡NO!
para PAPÁ
¡TAMPOCO!
¡MIRÁ QUE SOS COMPLICADO, ¿EHÉ?
?
© QUINO

PASADO MAÑANA ES EL DÍA DEL PADRE Y YO AQUÍ, HECHA UNA POBRE NENA, QUE NO SABE QUÉ REGALARLE A SU PAPÁ
410
Y EL DÍA DEL PADRE SE ACERCA, ¡SE ACERCA!..
¡Y LA POBRE NENA NO SABE QUÉ REGALARLE A SU PAPÁ! ¡Y EL DÍA YA ESTÁ ENCIMA,...Y LA NENA NO SABE!.. ¡¡Y....
¡QUÉ TEMA PARA HITCHCOK!
© QUINO

AQUÍ TENÉS EL VUELTO. Y CON ESTA BOLETA RETIRÁS EL LIBRO EN EL EMPAQUE
CIENCIA FICCIÓN
GRACIAS
411
¡ESTO SÍ QUE ESTÁ BUENO!..
EM
LOS PADRES NOS METEN EN ESTE DESQUICIO DE MUNDO, SIN CONSULTARNOS... ¡Y, ENCIMA, HAY QUE HACERLES UN REGALO!
TE LO ENVUELVO COMO PARA REGALAR A TU PAPÁ ¿NO?
EMPA
©QUINO
NO; COMO PARA PERDONARLO

412
©QUINO
¡FELIZ DÍA PAPÁ!
LA VOZ DE LA SANGRE, QUE LE DICEN

414
¿ESCUCHASTE EL ÚLTIMO DISCO DE LOS BEATLES, MANOLITO?
¡NO!
¡NO ME GUSTAN ESOS TIPOS!
¡A TU EDAD, TIENEN QUE GUSTARTE!...¡A TODOS LOS CHICOS DEL MUNDO NOS GUSTAN LOS BEATLES!
¡PUES A MÍ NO ME GUSTAN Y LISTO!
¿QUÉ PASA CON MANOLITO?
QUE NO RESPONDE A SUS MANDOS NATURALES
©QUINO

413
AULA 6
?
©QUINO
¡A QUE YA SE HA CORRIDO LA VOZ DE QUE NO ME GUSTAN LOS BEATLES!...

¡LOS BEATLES!... ¿CÓMO PUEDEN GUSTARLE A LA GENTE UNOS INFRADOTADOS DÁNDOLE TODO EL TIEMPO A LA GUITARRITA?
415
¡YEAH! ¡YEAH!
¡QUÉ ASCO DE GENERACIÓN!
©QUINO

HOLA, ¿SOS LA PALOMA DE LA PAZ?
416
¡VIVAN LA AGRESIÓN Y LA BOMBA H!
SPLIT!
¡ES!
©QUINO

AHÍ ESTÁ;..... ESA PALOMITA NO SABE LO QUE ES EL DINERO Y SIN EMBARGO ES FELIZ
417
¿VOS CREÉS QUE EL DINERO ES **TODO** EN ESTA VIDA, MANOLITO?
NO, POR SUPUESTO QUE EL DINERO NO ES TODO
...TAMBIÉN ESTÁN LOS CHEQUES
© QUINO

418
ME PARTE EL ALMA VER GENTE POBRE
A MÍ TAMBIEN
¡HABRÍA QUE DAR TECHO, TRABAJO, PROTECCIÓN Y BIENESTAR A LOS POBRES!
¿PARA QUÉ TANTO? BASTARÍA CON ESCONDERLOS
© QUINO

¡OTRA VEZ SE DESCOMPUSO EL TELÉFONO DE MI CASA! ¡YA ESTOY HARTA DE VIVIR EN UN PAÍS SUBDESARROLLADO!
419
¿NO TE DUELE UN POCO DECIRLE "SUBDESARROLLADO" AL PAÍS, SUSANITA?
¡Y SI ES UN PAÍS SUBDESARROLLADO! ¿CÓMO QUERÉS QUE LE DIGA? ¿EHÉ? ¿UN, PAÍS QUÉ?
©QUINO
UN PAÍS "AMATEUR"

ES CURIOSO, LAS CATEGORÍAS DEL BOX SIRVEN TAMBIÉN PARA CLASIFICAR A LOS PAÍSES
420
POR EJEMPLO, LOS PAÍSES CHIQUITOS Y MUY SUBDESARROLLADOS SON PAÍSES PESO MOSCA; OTROS, COMO EL NUESTRO, SON PESO GALLO O MEDIO-MEDIANOS....
AJHÁ; Y SEGÚN ESO, ¿QUÉ SON NORTEAMÉRICA, O RUSIA?
PESADOS...
¡MUY PESADOS!...
©QUINO

421
¡ÉSTE MALDITO ME ESTÁ GANANDO!
SEGÚN EL REGLAMENTO, ¿HAY ALGÚN CASO EN QUE SE PUEDA MOVER **MÁS** DE **UNA** PIEZA POR VEZ?
SÓLO EN EL ENROQUE
©QUINO
¡TOC!
EL REGLAMENTO DEBIERA CONTEMPLAR **OTROS** CASOS

¡MAFALDA... TENÉS "PULGARCITO"! ¿PUEDO LEERLO?
POR SUPUESTO
422
En una modesta casita vivía una familia muy pero muy pobre.........
¡PAF!
?
©QUINO
¡ME REVIENTA LA LITERATURA TESTIMONIAL!

¡LO QUE NECESITAMOS EN ESTE PAÍS ES SABER APROVECHAR LOS RECURSOS NATURALES!
423
¡TENEMOS A LA VISTA *INSOSPECHADOS* RECURSOS NATURALES!...
....Y ES HORA DE QUE LOS APROVECHEMOS!
?
BRILLANTE IDEA, MANOLITO
©QUINO

Mi querido Diario Intimo: Hoy me levanté muy contenta,....
424
.....por lo que creo que durante el día mi estado de ánimo será bueno......
SNIF SNIF
....desmejorando hacia el mediodía, con probabilidades de sopa.
©QUINO

hoy jugué un partido de ping-pong con Felipe, pero....
....estuve hecha una pichiruchi y perdí por 9 a 20.
ÚNICO DIARIO ÍNTIMO CON SUPLEMENTO DEPORTIVO
425
©QUINO

¿QUÉ ES ESA LIBRETITA, MAFALDA?
NADA,... MI DIARIO ÍNTIMO
426
¿TU DIARIO ÍNTIMO? ¡QUÉ BUENO! ¡ME IMAGINO LAS "COSITAS" QUE DIRÁS AHÍ SOBRE MANOLITO, FELIPE Y ETCÉTERA! ¿NO? ¡CONFESÁ! ¿NOOO?
¡PARA QUE SEPAS; EN MI DIARIO NO DIGO NINGUNA "COSITA" SOBRE MANOLITO, NI FELIPE, NI ETCÉTERA!
¿NO?
¡NO!
©QUINO
¿Y NO ACEPTARÍAS COLABORACIONES ESPONTÁNEAS?

ESO QUE A UD. NO LE SIRVE,...¡EMAÚS LO NECESITA!... LLÁMENOS A 00-4849 Y SE LO AGRADECEREMOS
427
©QUINO
NO; NO CREO QUE EMAÚS NECESITE DIRIGENTES POLÍTICOS

ME PREOCUPA MI MAMÁ
DICE QUE ESTÁ CANSADA DE FREGAR TODO EL DÍA EN LA CASA.
428
PERDÓN, MIGUELITO, ¿NO DIRÁ: "TODO EL SANTO DÍA"?
SÍ; ES VERDAD; DICE: "TODO EL SANTO DÍA" ¿CÓMO SABÉS?
BUENO, TENGO CIERTOS CONOCIMIENTOS SOBRE FOLKLORE MATERNO
©QUINO

NO DEBÉS AMARGARTE POR LAS PROTESTAS DOMÉSTICAS DE TU MAMÁ, MIGUELITO. TODAS LAS MADRES SE LA PASAN DICIENDO SIEMPRE LO MISMO....
429
"¡AL FINAL UNA SE CASÓ PARA HACER DE SIRVIENTA! ¡PARA ESO SE CASÓ UNA!"
"¡PERO YA VERÁN!... ¡EL DÍA MENOS PENSADO ME CANSO Y NO SÉ QUÉ ES LO QUE HAGO! ¿EHÉ? ¡NO LO SÉ!"
SI ALGUIEN HUBIERA REGISTRADO TODO ESO, GANARÍA MILLONES POR DERECHOS DE AUTOR
©QUINO

CON MOTIVO DE CELEBRARSE HOY EL DÍA DE LA INDEPENDENCIA NACIONAL, TODAS LAS HISTORIETAS DEL PAÍS CONECTAN SUS CUADRITOS EN CADENA CON ESTA HISTORIETA
430
¡VIVA LA PATRIA!
A PARTIR DE ESTE INSTANTE, LAS HISTORIETAS INTEGRANTES DE ESTA CADENA, CONTINÚAN CON SUS RESPECTIVOS CUADRITOS
GRACIAS
©QUINO

EL PROBLEMA DE MUCHOS PAÍSES ES HABER TENIDO CASI SIEMPRE GOBIERNOS-CARAMELO
431
¿GOBIERNOS-CARAMELO? ¿Y QUÉ DEMONIOS ES UN GOBIERNO-CARAMELO?
¿A VOS CUÁNTO TE DURA UN CARAMELO, MIGUELITO?
©QUINO
COMPRENDO

(¿NO ES SORPRENDENTE QUE MANOLITO, CON LO BESTIA QUE ES, HAYA ASIMILADO TAN BIEN LOS SECRETOS DEL AJEDREZ?)
¿QUÉ?
432
¡TE COMO EL PEÓN, FELIPE!..
¡GOOOOL!
¡GOOOOOOOOOOOOOOOOLLL!
¿QUÉ?
¡NADA!
©QUINO

Querido Diario Intimo:
hoy hice renegar a mi mamá. Reconozco que me porté muy mal y que.....
433
...mi mamá es buena y que yo la hago rabiar mucho y que toda la culpa es mía y nada más que mía.
©QUINO
(La Dirección de este Diario Intimo aclara que sólo se limita a publicar estas notas, sin compartir por eso el criterio de su autora.)

REINA LA MÁS ABSOLUTA TRANQUILIDAD
434
LOS MANDOS ESTÁN ABOCADOS A SUS TAREAS ESPECÍFICAS
©QUINO
ERA UNA PENA NO DARLE UN GOLPE DE ESTADO A LOS BOMBONES

¡BANG! ¡BANG! ¡Y BANG!
435
¿CÓMO "Y" BANG? ¿DONDE VISTE QUE UN REVÓLVER DIGA "Y"?
¡UN REVÓLVER PUEDE DECIR "¡BANG!", "¡PANG!" E, INCLUSIVE, "¡PÚNG!", PERO NUNCA "Y"!
©QUINO
¿A QUIEN PUEDE INTERESARLE JUGAR A LOS "COW-BOYS" CON DON JOSÉ MARÍA PEMÁN?

CUANDO UNO SE MUERE, ¿ADÓNDE IRÁ?
436
MI MAMÁ ME DIJO QUE AL CIELO
¿TE CONTÓ DETALLES DEL LANZAMIENTO?
©QUINO

HAY ALGO QUE NO ENTIENDO
437
SI CUANDO UNO SE MUERE SE VA AL CIELO....
¿QUÉ DEMONIOS VIENE A SER EL CEMENTERIO?
¡¿UNA ESPECIE DE CABO KENNEDY?!

VOS ME DIJISTE QUE CUANDO UNO SE MUERE SE VA AL CIELO, ¿NO?
SÍ, ¿POR?
438
PORQUE HAY ALGO QUE NO ENTIENDO; POR EJEMPLO: ¿CÓMO HACEN LOS GORDOS PARA TOMAR SEMEJANTE ENVIÓN?
¡PERO NO, MIGUELITO!... EL ASUNTO ES ASÍ: AL CIELO SUBE NADA MÁS QUE EL ALMA; EL CUERPO LO DEJAMOS AQUÍ
¡CÓMO!... ¡¿O SEA QUE EL ENVASE HAY QUE DEVOLVERLO?!

¡AJAJHAÁÁÁ! ¡JAQUE!
¡GANÉ! ¡JAQUE AL REY!
EL REY HA MUERTO ¡VIVA EL REY!
ANTE TANTA DIGNIDAD, ¿QUIÉN PUEDE ALEGRARSE DE HABER GANADO?
439
©QUINO

?
¿QUÉ DIABLOS TE PASA, MAFALDA, TE HAS VUELTO LOCA?
HAY QUE AVANZAR CON LA HUMANIDAD, MIGUELITO, HAY QUE AVANZAR CON LA HUMANIDAD
440
©QUINO

441
© QUINO

...¡LLEVA LA PELOTA POR EL MEDIO CAMPO!....
¡ÉSO ME GUSTARÍA!... ¡SER JUGADOR DE FÚTBOL, PARA NO TENER QUE IR A LA ESCUELA!
442
....¡SIGUE AVANZANDO PELIGROSAMENTE, ELUDE A UN HOMBRE, SE VA ACERCANDO AL ÁREA, ¡VA A REMATAAAR Y....
4
...¡¡FOUL!!...... ¡VIOLENTÍSIMO EL FOUL, MIS AMIGOS!.....¡¡LO BARRRRRIERON AHÍ AL HOMBRE!!.¡¡ LE HACHARON LA PIERNA!!....
EL CONTINENTE AMERICANO ESTÁ FORMADO, A SABER, POR: AMÉRICA DEL NORTE, AMÉRICA CENTRAL, O CENTROAMÉRICA, Y AMÉRICA DEL SUR, O SUDAMÉRICA; SIENDO SUS PRINCIPALES RÍOS.....
© QUINO

¿QUÉ LE OCURRE A MANOLITO?
COMETIÓ UNA DE SUS BESTIALIDADES EN LA ESCUELA Y SACÓ MALA NOTA
NO DEBERÍA AFLIGIRSE POR ESO. TODOS TENEMOS NUESTRAS BESTIALIDADES DE VEZ EN CUANDO
SÍ, PERO LO MALO DE MANOLITO ES QUE PARECE SER UN BESTIA *FULL-TIME*
443
©QUINO

FFFF
444
¡BANG!
©QUINO

"BIENVENIDO"
¡QUÉ LINDO FELPUDO, MIGUELITO!
YO LO ODIO
¿LO ODIÁS?
¿POR QUÉ?
¿LLEGASTE, MIGUELITO? ¡A QUE YA ESTÁS CAMINANDO SIN PATINES!..¿NO? ¡CLARO!..¡TOTAL, LA QUE SE DESLOMA TODO EL SANTO DÍA ENCERANDO LOS PISOS SOY YO: ¡LA ESTÚPIDA!
¡PORQUE ES EL FELPUDO MÁS HIPÓCRITA QUE VI EN MI VIDA!
445
©QUINO

HE OÍDO POR AHÍ QUE NACEMOS DENTRO DE UN REPOLLO. ¿VOS QUÉ OPINÁS?
QUE NOS TRAE LA CIGÜEÑA, MIGUELITO. ESO DEL REPOLLO ES UNA PATRAÑA SIN PIES NI CABEZA
SERÁ COMO VOS DECÍS, PERO LO QUE ES YO,... ¡EN MI VIDA VUELVO A PROBAR *CHUCRUT*!
446
©QUINO

¿VOS QUÉ OPINÁS, MANOLITO: NACIMOS DENTRO DE UN REPOLLO, O NOS TRAJO LA CIGÜEÑA?
¡JHÁ!.. ¡PERO MIRÁ LO QUE LE VENÍS A PREGUNTAR A ESTE ADOQUÍN!..... ¡ESOS TEMAS SON DEMASIADO PROFUNDOS PARA ESTE BESTIA!
ES VERDAD, MIGUELITO. ESO DE NACER Y MORIR NO ME PREOCUPA. A MÍ ME INTERESA LA VIDA; NO LAS PUNTAS DE LA VIDA
¡JHÁ!
447
©QUINO

¿Y SI FUERA VERDAD QUE NACEMOS DENTRO DE UN REPOLLO?
¿POR QUÉ TIENE QUE SER **CIERTO** LO DE LA CIGÜEÑA Y **FALSO** LO DEL REPOLLO?
¡AL FIN DE CUENTAS UN REPOLLO TIENE TANTA O MÁS VALIDEZ CIENTÍFICA QUE UNA CIGÜEÑA!
¿Y DE DÓNDE SACAN REPOLLOS PARA NACER LOS ESQUIMALES, MIGUELITO?
448
QUINO
©QUINO

LOS ESQUIMALES SON LA MEJOR PRUEBA DE QUE NOS TRAE LA CIGÜEÑA, MIGUELITO
449
SI NACIÉRAMOS DENTRO DE UN REPOLLO LOS ESQUIMALES NO EXISTIRÍAN, PORQUE DECIME, ¿VOS CREÉS QUE EN EL POLO HAY REPOLLOS?
©QUINO
¡Y QUÉ SÉ YO! ¡CON TANTO MERCADO COMÚN!...

450
¡NO SÉ PARA QUÉ CUERNOS VENGO A LA PELUQUERÍA!
¡NO SÉ PARA QUÉ RECUERNOS VOY A LA PELUQUERÍA!
©QUINO

451
VEO MUCHAS REVISTAS DE FOTONOVELAS,...
?
...Y VEO BAILES EN UN CLUB DE BARRIO Y LUEGO UN CASAMIENTO,..
... Y DESPUÉS VEO FREGAR Y FREGAR EN LA CASA HASTA SER UNA VIEJITA
©QUINO
¡PENSAR QUE ESO ES TODO LO QUE VEN LAS MUJERES QUE MIRAN LA VIDA A TRAVÉS DE UN RULERO!..

452
DECIME, MAFALDA, ¿VOS CREÉS QUE EL HAMBRE EN EL MUNDO SE SOLUCIONARÍA DÁNDOLE UN CARAMELO A CADA PERSONA HAMBRIENTA?
A MÍ SE ME OCURRE QUE NO. ¿POR QUÉ LO PREGUNTÁS?
©QUINO
BUENO,...¡PORQUE TE IMAGINÁS QUE LINDO CARGO DE CONCIENCIA! ¿NO?

UN PRIMO MÍO QUE SABE INGLÉS ME TRADUJO ALGU-NAS CANCIONES DE "LOS BEATLES"
¿A VER?
453
¿TENÉS UN LÁPIZ? AQUÍ HAY UNA FRASE QUE QUISIERA COPIAR
¡SEGURO!
"CUANDO TE VI CON ÉL, SENTÍ QUE MI FUTURO SE DERRUMBABA"
©QUINO
SÓLO UNOS GENIOS COMO "LOS BEATLES" PODÍAN INTERPRETAR TAN BIEN LO QUE SENTÍ LA PRIMERA VEZ QUE VI A MI MAMÁ CON UN PLATO DE SOPA

SE REUNIERON HOY EL PRIMER MINISTRO INGLÉS Y EL SECRETARIO GENERAL DE LA **UN**
454
ME IMAGINO QUE TRATARÍAN EL PROBLEMA DEL DESARME
AMBOS FUNCIONARIOS TRATARON EL PROBLEMA DEL DESARME
DESPUÉS DICEN QUE LA **TV** NOS ATROFÍA LA IMAGINACIÓN
©QUINO

455
DECIME, FELIPE, ¿VOS CREÉS REALMENTE QUE LA TV NOS ATROFIA LA IMAGINACION A LOS CHICOS?
BUENO, NO SÉ; NUNCA HE PENSADO EN EL ASUNTO
©QUINO

456
¿Y SI FUERA CIERTO QUE LA TV NOS ATROFIA LA IMAGINACIÓN A LOS CHICOS?
¿EÉH?
¿EEH? ¿Y SI FUERA CIERTO?
©QUINO

458
457
!
¡ACABO DE DESCUBRIR QUE EN EL ESPEJO LAS COSAS SE VEN AL REVÉS! ¡ES TERRIBLE!
¿POR QUÉ ES TERRIBLE?
PORQUE ESO QUIERE DECIR QUE CUANDO UNO SE MIRA AL ESPEJO,... ¡SE VE AL REVÉS DE COMO REALMENTE ES!
¡VAMOS, MIGUELITO!... ¡PARA ESO NO HACE FALTA MIRARSE AL ESPEJO!
©QUINO

MIGUELITO TIENE RAZÓN: EN EL ESPEJO LAS COSAS SE VEN AL REVÉS
LA DERECHA VIENE A SER LA IZQUIERDA...
...Y LA IZQUIERDA VIENE A SER LA DERECHA
¡QUÉ CONTUBERNIO!
©QUINO

459
¡¿DE DÓNDE CUERNOS SACASTE ESO DE QUE EN EL ESPEJO UNO SE VE AL REVÉS DE COMO ES?!
©QUINO

HOA, BAFADDA ¿CÓHO E VA? ¿UÁNDO COD E AUDIDO?
460
BE USDAÍA EDADBE A UAD COD VOS, PEO BI BABÁ BE BANDÓ A DA ECHEÍA
HASDA UÉO
AÚN ESTÁ POR ESCRIBIRSE UN DICCIONARIO *"CARAMELO-ESPAÑOL ESPAÑOL-CARAMELO"*
©QUINO

461
¿HAS LEÍDO ESTO? AQUÍ DICE QUE LA TV ES UN VEHÍCULO DE CULTURA
AJHÁ
¿UN VEHÍCULO DE CULTURA?
¡TOMA!
¡BANG! ¡BANG!
¡AUGGH!
©QUINO
¡YO QUE LA CULTURA, ME BAJABA Y SEGUÍA DE A PIE!

462
ZAPATERÍA
boutique
Sastrería
©QUINO
DECIME, MAMÁ ¿VOS ESTÁS SEGURA DE QUE ESTAMOS CAMI-NANDO PARA ADELANTE?
TEJIDOS

TIC!
"UNA ANTIGUA COSTUMBRE QUE SIEMPRE ESTÁ DE MODA,....."
¿MATAR GENTE?
"...BEBER WHISKY BLACK-GROG"
AH...
463
©QUINO

¡MUY BIEN! ¡ME VOY! ¡PERO BAJO PROTESTA!
ESTÁN HABLANDO DE TENER CHICOS,... ¡Y ME ECHAN!
¡AHORA RESULTA QUE LOS **CHICOS** NO PODEMOS OÍR HABLAR DE TENER **CHICOS**! ¡Y ENTONCES NOS ECHAN!
¡ESO ES TAN ABSURDO COMO HABLAR DE TENER MÉDICO Y ECHAR A BEN CASEY!
464
©QUINO

FRANCAMENTE, TU PAPÁ ES BASTANTE TONTO. ¿NO SABE QUE HAY MEJORES NEGOCIOS QUE ESTE DE LAS PLANTAS?
465
¿NEGOCIO? PARA MI PAPÁ, LAS PLANTAS NO SON UN NEGOCIO, MANOLITO, SINO UN ENTRETENIMIENTO
¡CÓMO!...¿NO LAS VENDE?
¡PERO NO, HOMBRE!
©QUINO
¡DIOS MIO! ¿CÓMO SE PUEDE SER TONTO Y, ENCIMA, AD-HONOREM?!

GOLOSINAS
466
HOLA, MIGUELITO ¿CÓMO TE VA?
ÑIEN, AMGHÍ ESFOY, OMENDO CAAMFELHO
?
MGÜÉS TEFOEONTU HASA, ¿MMFFÍ? ZSCHAO
?
ES RARO QUE NADIE HAYA SEÑALADO LA IMPORTANCIA DE LOS CARAMELOS EN EL PROBLEMA DE LA INCOMUNICACIÓN HUMANA
©QUINO

¡TRAJE A MAFALDA PARA JUGAR AQUÍ, MAMA!
467
¡LOS PATIIIIINES!.. ¡A QUE ESTÁN CAMINANDO SIN PATINES Y ESTROPEANDO EL PARQUET!..
¡NO JUEGUEN NI EN EL LIVING NI EN EL COMEDOR, ¿EH?
¡AH! Y OTRA COSA.......
¡NO DEJEN LUEGO TODOS LOS JUGUETES TIRADOS POR AHI! ¡GUÁRDENLOS! ¡YA LO SABEN!
©QUINO
MI ÚNICA ESPERANZA ES QUE EN EL SERVICIO MILITAR ME COMPUTEN TODO ESTO Y ME LARGUEN ENSEGUIDA

"La Bondad es algo natural en el hombre."
468
¿Y LA MALDAD? ¿NO ES TAMBIÉN NATURAL?
NO. DEBE SER DE ALGUNA DE ESAS FIBRAS ARTIFICIALES QUE ESTÁN TAN DE MODA EN TODO EL MUNDO
©QUINO

©QUINO
469
¡ATCHIÍÍSS!
¡RESFRIARME!.... ¡ESO ES LO ÚNICO QUE ME FALTA!...
...ADEMÁS DE INTELIGENCIA, GRACIA, SENSIBILIDAD, INGENIO, TACTO, ELEGANCIA, HABILIDAD, FINEZA, BUEN GUSTO, SENSATEZ, IMAGINACION, CULTURA, ETCÉTERA

LE HE PRESTADO MIS REVISTAS A MANOLITO, PARA QUE SE DISTRAIGA UN POCO DE SU GRIPE
470
AT,...AAAT.....
¡¡NO ESTORNUDES DELANTE DE LA....
..CHÍÍÍSSS!
REV....
©QUINO
¡TARDE!

¡MALDITA GRIPE!... ¡TENÍA QUE DARME JUSTO A MÍ!
471
¡VAMOS, MANOLITO!... LA GRIPE LE DA A GRANDES Y CHICOS, A GORDOS Y FLACOS, A POBRES Y RICOS, A NEGROS Y BLANCOS... ¡A TODOS!
PUES PODRÍA IRSE AL CUERNO CON SU DEMOCRACIA
©QUINO

ALMACEN "DON MANOLO"
472
©QUINO
¿CÓMO VA LA GRIPE, MANOLITO?
AL SALIR DE LA ESCUELA SE NOS OCURRIÓ VENIR A VISITARTE Y VER SI NECESITÁS ALGO
SÍ, QUISIERA PEDIRLES UN UN FAVOR
¿CUÁL ES? LO HAREMOS CON MUCHO GUSTO
NO SE VAYAN SIN COMPRAR ALGO. ¡ALMACÉN "DON MANOLO" VENDE BARATÍSIMO!

¡MANOLITO ESTÁ EN CAMA CON GRIPE, DE ACUERDO! PERO,... ¿PARA QUÉ VAS A VISITARLO CON ESE CASCO ESPACIAL?
PARA EVITAR EL CONTAGIO
473
¿QUÉ PASA SI VOY SIN CASCO Y ME CONTAGIA?
¡SI TE CONTAGIA, MALA SUERTE! ¡LA AMISTAD EXIGE CIERTOS SACRIFICIOS!
©QUINO
NO VEO QUE TENGA NADA DE MALO DARLE UN TOQUE MODERNO A LOS SACRIFICIOS

¡LO CONTENTOS QUE SE VAN A PONER FELIPE, SUSANITA Y MAFALDA CUANDO ME VEAN LEVANTADO!
474
¡AMIGOS!... ¡ME HE SACADO ESA MALDITA GRIPE DE ENCIMA!.... ¿DÓNDE ESTÁN TODOS?
©QUINO

¿CUÁNTA GENTE ENGRIPADA COMO NOSOTROS CREÉS QUE HABRÁ EN EL MUNDO, MAFALDA?
475
NO SÉ. SUPONGO QUE MUCHA ¿POR QUÉ?
Y,... QUÉ SÉ YO.... SIEMPRE CONSUELA UN POCO SABER QUE UNO NO ESTÁ SOLO ¿NO TE PARECE?
©QUINO
SÍ; AUNQUE FRANCAMENTE, EN ESTE CASO NO SÉ PARA QUÉ CUERNOS PUEDE SERVIRNOS EL SINDICALISMO

A MÍ, LO QUE ME GUSTA DE LA GRIPE ES **NO** TENER QUE IR A LA ESCUELA
476
QUÉ QUERÉS QUE TE DIGA, FELIPE...
YO PREFIERO IR A LA ESCUELA, ESTUDIAR Y HACER DEBERES....
...EN LUGAR DE TENER QUE SOBRELLEVAR ESTA INCULTURA A VIRUS
©QUINO

ME ENTERÉ QUE ESTUVISTE EN CAMA CON GRIPE PERO MI MAMÁ NO ME DEJÓ IR A VISITARTE POR MIEDO A QUE ME CONTAGIARA
Y YO, CON MIS AHORROS, HABÍA COMPRADO UNA CAJA DE GALLETITAS PARA LLEVARTE,... ¡ASÍ QUE ME PESQUÉ UNA RABIETA,... PERO UNA RABIETA!....
SOS MUY AMABLE, MIGUELITO, PERO NO TE HUBIERAS MOLESTADO EN COMPRARME ESAS GALLETITAS
BUENO,... NO,... SÍ... ¡EN FIN!...
.... ¡HAY QUE VER EL HAMBRE QUE ME DAN A MÍ LAS RABIETAS!

Fa-Fe-Fi-Fo-Fu fama-febo-fino foca-fuego
Ese roble es fuerte Esa niña es Felisa Ese niño es Fidel
¡ESE NIÑO ES ANTIDEMOCRÁTICO!

MAMÁ, ¿PUEDO DECIRTE QUE ESTA SOPA ES UN BREBAJE ESPANTOSO?
¿EHÉ?
479
¿Y QUE ES LA PORQUERÍA MÁS INMUNDA QUE HE PROBADO EN MI VIDA?
©QUINO
¿O TE MOLESTA LA CRÍTICA CONSTRUCTIVA?

MIRÁ, ESTO ES EL MUNDO ¿VES?
480
¿SABÉS POR QUÉ ES LINDO ESTE MUNDO? ¿EHÉE?
PORQUE ES UNA MAQUETA
¡EL ORIGINAL ES UN DESASTRE!
©QUINO

ESTE LIBRO SE ACABÓ DE IMPRIMIR EN ENERO DE 2016,
EN LOS TALLERES DE "LITOGRÁFICA INGRAMEX, S.A. DE C.V."
CENTENO 162-1, COL. GRANJAS ESMERALDA, 09810, MÉXICO, D. F.
Y QUE VIENEN A SER COMO UNA MATERNIDAD EN LA QUE
NACEN LIBRITOS Y LIBRITOS Y LIBRITOS Y LIBRITOS